まちごとアジア
ネパール 005

バクタプル
木とレンガが彩る「中世都市」
［モノクロノートブック版］

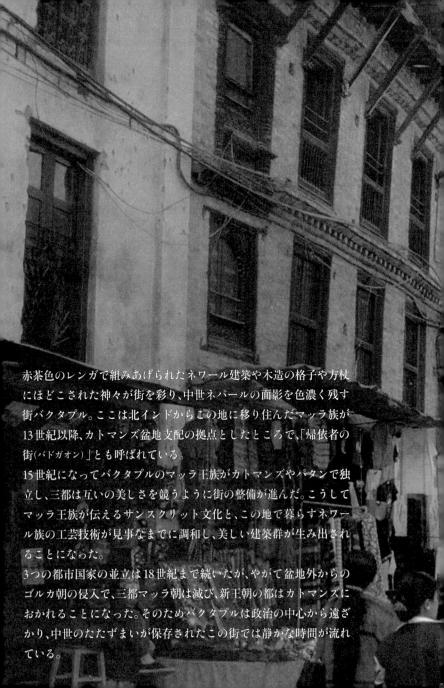

赤茶色のレンガで組みあげられたネワール建築や木造の格子や方杖にほどこされた神々が街を彩り、中世ネパールの面影を色濃く残す街バクタプル。ここは北インドからこの地に移り住んだマッラ族が13世紀以降、カトマンズ盆地支配の拠点としたところで、「帰依者の街(バドガオン)」とも呼ばれている。

15世紀になってバクタプルのマッラ王族がカトマンズやパタンで独立し、三都は互いの美しさを競うように街の整備が進んだ。こうしてマッラ王族が伝えるサンスクリット文化と、この地で暮らすネワール族の工芸技術が見事なまでに調和し、美しい建築群が生み出されることになった。

3つの都市国家の並立は18世紀まで続いたが、やがて盆地外からのゴルカ朝の侵入で、三都マッラ朝は滅び、新王朝の都はカトマンズにおかれることになった。そのためバクタプルは政治の中心から遠ざかり、中世のたたずまいが保存されたこの街では静かな時間が流れている。

Asia City Guide Production
Nepal 005
Bhaktapur
भक्तपुर

まちごとアジア｜ネパール 005

バクタプル
木とレンガが彩る古代都市

まちごとアジア
ネパール 005
バクタプル

Contents

バクタプル	007
中世の容姿を見せる街	013
ダルバール広場鑑賞案内	019
旧王宮鑑賞案内	031
トウマディー広場鑑賞案内	041
タチュパル広場鑑賞案内	049
郊外城市案内	057
ナガルコット城市案内	069
ネパール三都物語	075

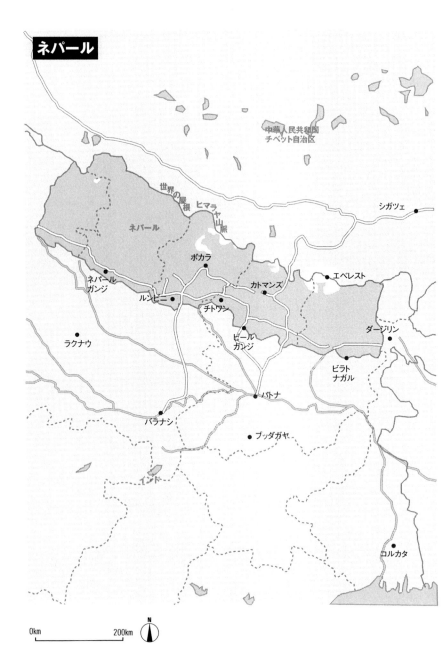

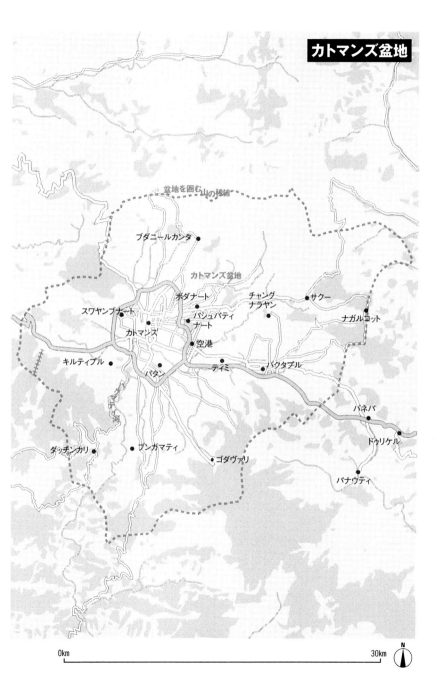

バクタプル／木とレンガが彩る「中世都市」

***
バクタプル *Bhaktapur*
**★★☆
チャング・ナラヤン** *Changu Narayan*
ティミ *Thimi*
ナガルコット *Nagarkot*

Introduction
中世の容姿を見せる街

カトマンズ盆地の街のなかでも
もっとも美しい街並みを残すバクタプル
今に伝わる中世ネパールの伝統

伝わる古代サンスクリット文化

　レンガと木造建築による褐色の世界が広がるバクタプル。この街はベルナルド・ベルトリッチ監督の映画『リトル・ブッダ』のなかで、ブッダが少年時代を過ごしたカピラヴァストゥにあてられている。そこではブッダがカバティ（南アジアの伝統的なスポーツ）を楽しみ、出家にいたるまでの苦悩する様子が描かれている。バクタプルが紀元前5世紀ごろブッダが過ごした舞台に選ばれたのは、この街が古代インドのサンスクリット文化の雰囲気をよく残しているからだと考えられる。

中世ネパールの雄マッラ族

　リッチャヴィ朝、デーヴァ王族、マッラ朝などカトマンズ盆地に覇を唱えた支配者は、いずれもインド平原からヒマラヤ南麓のこの地へ移住してきた。仏典ではマッラ王族は紀元前5世紀ごろにクシナガルにいたという記録があり、10世紀ごろにはすでにカトマンズ盆地東のパランチョークを拠点にしていたという。彼らは徐々に力を蓄え、13世紀になるとバクタプルを首都としてマッラ王朝を築いた。マッ

細い路地が広場へと続いている

トウマディー広場でふたりの少女に出合った

木とレンガでつくられた伝統建築

ラ王族はインド平原からネパールへ移住するにあたって、彼らの土地の神であったトゥラジー女神をたずさえ、この女神が「マッラ王朝の守護神」タレジュ女神となった(ネパールの守護神クマリは、このタレジュ女神の化身と見られる)。

ヒンドゥー教の秩序が見られる街

　寺院が曼荼羅のように配置されたバクタプルの街。この街に暮らすネワール族はカトマンズやパタンにくらべてもヒンドゥー教徒の割合が多く、中心部に高カースト者が暮らすなどヒンドゥー教の伝統が強く残っている(また住民のほとんどが農業に従事しているのも特徴)。カトマンズ盆地の支配者は、祭祀、儀礼、宗教などをインドからもち込み、先住民族のネワール族をヒンドゥー教の体系にくみ込むことでこの地の統治をはかった。

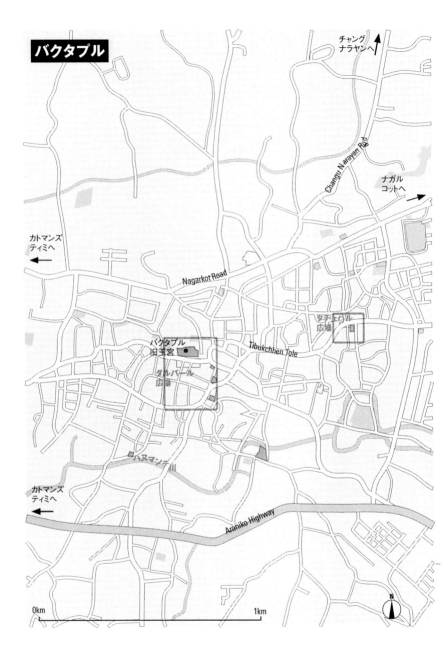

中世の容姿を見せる街

★★★
ダルバール広場 Durbar Square
バクタプル旧王宮 Royal Palace

★★☆
ティブチェン・トール Tibukchhen Tole
タチュパル広場 Tachupal Square

バクタプルのダルバール広場

Durbar Square ダルバール広場鑑賞案内

伝統的なネワール様式の建築とインド式のシッカーラ
いくつもの寺院が立つダルバール広場
カトマンズ、パタンと肩をならべるバクタプルの中心

ダルバール広場 ★★★
Durbar Square／भक्तपुर दरबार स्क्वायर

　中世、カトマンズやパタンとならぶバクタプル・マッラ朝の王宮がおかれていたダルバール広場。中庭をもつロの字型のネワール建築、55の窓をもったチョーク、ゴールデン・ゲートなど、華麗な建築を堪能できる。カトマンズやパタンが交易路をそのままダルバール広場として使ったのと違って、バクタプルのダルバール広場は人々の生活の場と離れているため、静かなたたずまいをしている。1934年の地震で大打撃を受け、多くの建物が倒壊し、その後、修復されて今にいたる。

シヴァ・パールヴァティー寺院 ★☆☆
Shiva Parvati Mandir　शिवा पार्वती मन्दिर

　ダルバール広場西側に立つシヴァ・パールヴァティー寺院。シヴァ神とその配偶神パールヴァティー女神はヒマラヤで仲睦まじく暮らしていると言われ、シヴァ神はネパールのなかでもとくに人気が高い。こぢんまりとした二層のネワール・パゴタ様式で、柱には雄雌の動物が混淆する彫刻がほどこされている。

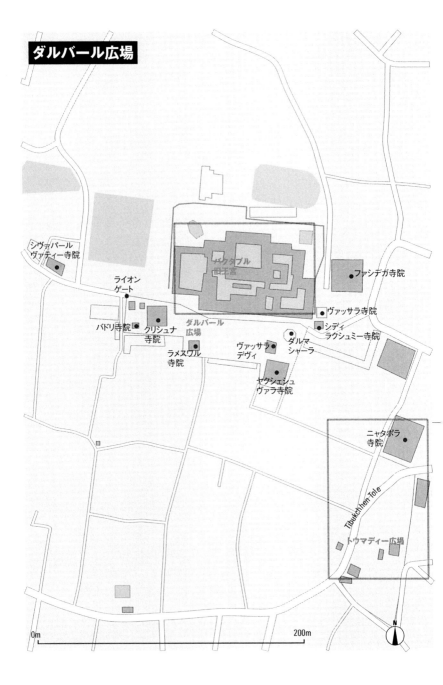

ライオン・ゲート ★☆☆
Lion Gate सिंह ढोका दरबार

　ダルバール広場への西の入口となっているライオン・ゲート。バイラヴ像とドゥルガー像が立ち、バイラヴ神はシヴァ神の、ドゥルガー女神はパールヴァティー女神の恐ろしい姿。複数ある手にはそれぞれ武器をもっていて、悪魔を殺そうとする様子が描かれている。

ラメスワル寺院 ★☆☆
Rameshwar Mandir／रामेश्वर मन्दिर

　ライオン・ゲートからダルバール広場に入ったところに立つラメスワル寺院。インドのシッカーラ様式で建てられていて、なかにはシヴァ神がまつられている。シッカーラとは「山頂」を意味し、ヒマラヤをモチーフとしている。

★★★
ダルバール広場 *Durbar Square*
バクタプル旧王宮 *Royal Palace*

★★☆
ヤクシェシュヴァラ（パシュパティ）寺院 *Yaksheshvar Mandir*
トウマディー広場 *Taumadhi Square*
ニャタポラ寺院 *Nyatapola Mandir*

★☆☆
シヴァ・パールヴァティー寺院 *Shiva Parvati Mandir*
ライオン・ゲート *Lion Gate*
ラメスワル寺院 *Rameshwar Mandir*
バドリ寺院 *Bhadri Mandir*
クリシュナ寺院 *Krishna Mandir*
ヴァッサラ・デヴィ（シッカーラ） *Vatsala Devi*
ダルマシャーラ *Dharamsalas*
シディ・ラクシュミー寺院（シッカーラ） *Siddhi Lakshmi Mandir*
ヴァッサラ寺院 *Vatsala Mandir*
ファシデガ寺院 *Fasidega Mandir*

クリシュナ寺院の奥にダルバール広場が広がる

ブパティーンドラ王の石柱

バドリ寺院 ★☆☆
Bhadri Mandir　बद्रीनाथ मन्दिर

　ヴィシュヌ神の化身ナラヤン神がまつられたヒンドゥー寺院。ラメスワル寺院とクリシュナ寺院の背後に隠れるように立っており、こぢんまりとしている。

クリシュナ寺院 ★☆☆
Krishna Mandir　कृष्ण मन्दिर

　ラメスワル寺院のそばに立つクリシュナ寺院。クリシュナ神は古代インドに生きた実在の人物だとされ、ヴィシュヌ神の化身に数えられる。

ヴァッサラ・デヴィ(シッカーラ) ★☆☆
Vatsala Devi／वत्सला देवी मन्दिर

　旧王宮前に立つ石づくりのヒンドゥー寺院ヴァッサラ・デヴィ。17世紀のジャガットプラカーシャ王の時代のもので、パタンのクリシュナ寺院をモチーフに建立された。

ブパティーンドラ王の石柱 ★☆☆
King Bhupatindra Malla's Column／भूपतीन्द्र मल्ल प्रतिमा

　旧王宮のゴールデン・ゲートの目の前に立つブパティーンドラ王の石柱。王は55の窓の宮殿など、バクタプルに美しい建築群を築いたことで知られ、この石柱の王は旧王宮と向きあうように坐している。

ヤクシェシュヴァラ(パシュパティ)寺院 ★★☆
Yaksheshvar Mandir／पशुपतिनाथ मन्दिर

　15世紀、ヤクシャ・マッラ王の命で建立されたヤクシェ

パシュパティ神がまつられているヤクシェシュヴァラ

奥に立つのがバクタプル王宮

インドのシッカーラ様式のラメスワル寺院

シュヴァラ寺院。ヤクシャ・マッラ王はカトマンズのパシュパティ寺院(カトマンズ盆地最大のヒンドゥー教聖地)に参拝した後に、食事をとることを日課にしていたが、ある日、バグマティ河の氾濫で、対岸に渡ることができず、参拝できなかった。その夜、シヴァ神の化身であるパシュパティ神がヤクシャ王の夢に現れて、バクタプルにパシュパティ寺院をつくるようお告げがあった。こうしてパシュパティナートに参らずとも、それと同等のご利益をもつこの寺院が建立されたという。カトマンズのパシュパティ寺院同様、各々の面に3枚扉をもつ二層屋根の様式となっている。

ダルマシャーラ ★☆☆
Dharamsalas／धर्मशाला

ダルバール広場に巡礼してきた人々のための休憩所ダルマシャーラ。細長いL字型をもち旧王宮南東に立つ。

シディ・ラクシュミー寺院(シッカーラ) ★☆☆
Siddhi Lakshmi Mandir　सिद्धि लक्ष्मी मन्दिर

ヴィシュヌ神の妻ラクシュミーがまつられたヒンドゥー寺院。石づくりのシッカーラ様式で、階段の両側には動物などの彫刻が見られる。

ヴァッサラ寺院 ★☆☆
Vatsala Mandir／वत्सला मन्दिर

シッディ・ラクシュミー寺院の北側、旧王宮の脇に立つヴァッサラ寺院。ネワール・パゴタ様式でこぢんまりとしている。

ファシデガ寺院 ★☆☆
Fasidega Mandir फसी देग मन्दिर

　旧王宮の東側に立つファシデガ寺院。ダルバール広場のなかでは大きな規模をもち、6段の基壇のうえに載る本体にはシヴァ神がまつられている。

石づくりのヴァッサラデヴィ

Royal Palace
旧王宮鑑賞案内

美しいトーラナをもつゴールデン・ゲート
ダルバール広場に面した55窓の宮殿
そこにはバクタプル王族の生活空間があった

バクタプル旧王宮 ★★★
Royal Palace／भक्तपुर दरबार

　ダルバール広場に面し、赤茶色のレンガづくりのものをはじめ複数の建築からなるバクタプル旧王宮。12世紀なかごろにアーナンダ・マッラ王に創建され、三都に分裂する以前のマッラ王朝最後の王ヤクシャ・マッラ王の時代に現在につながる原型がつくられた。その後、歴代バクタプル王によって増改築が繰り返され、中世のマッラ朝時代、ここで執政がとられていた。カトマンズ、パタン王宮にくらべて、バクタプル王宮は、チョークに層塔様式の寺院を載せておらず、落ち着いた雰囲気をしている。かつてここには99のチョークがあったとされるが、1934年の地震で多くの建物が倒壊の憂き目にあった。

ゴールデン・ゲート ★★☆
Golden Gate सुनको ढोका

　バクタプル王宮へ続く正門ゴールデン・ゲート。18世紀のバクタプル・マッラ朝時代に建てられ、上部にはトーラナが見える。衛兵の立つこの門をくぐり、王宮へ足を踏み入れるとタレジュ寺院(ヒンドゥー教徒のみ入ることができる)が立っている。

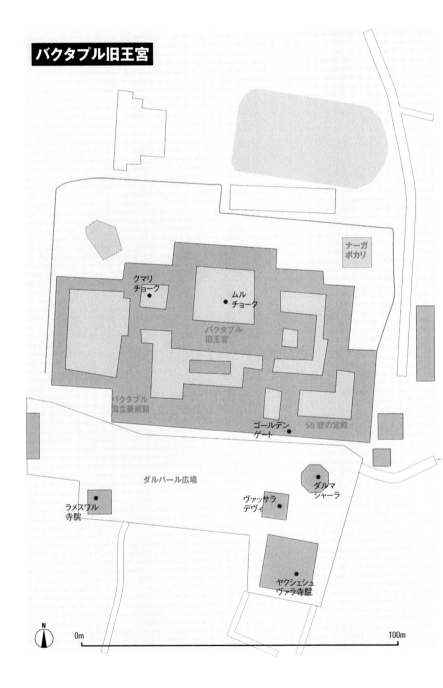

トーラナ ★☆☆
Torana　तोरण

　寺院に入るための鳥居の役割を果たすトーラナ。銅や金箔をはった装飾がされていて、バクタプルのネワール彫刻のなかでも傑作の誉れが高い。ヴィシュヌ神、タレジュ女神の彫刻が見え、それぞれマッラ王とその妻にたとえられている。また中央にはカトマンズ盆地を守護する8母神のひとりヴァイシュナヴィー（ヴィシュヌ神の乗りものガルーダに乗る）の浮彫りがほどこされ、王宮を守護している。

55窓の宮殿 ★★★
55 Windows Palace／पच्पन्न झ्याले दरबार

　カトマンズ盆地のネワール建築の傑作のひとつにあげられる55窓の宮殿。旧王宮の各建物のなかでも、一際存在感があり、17世紀から18世紀にかけてブーパティーンドラ王によって建てられた。精緻な彫刻がほどこされた窓枠の木彫りはネワール芸術の白眉で、この建物はネワール建築の集大成となっている。

★★★
ダルバール広場 *Durbar Square*
バクタプル旧王宮 *Royal Palace*
55窓の宮殿 *55 Windows Palace*

★★☆
ヤクシェシュヴァラ(パシュパティ)寺院 *Yaksheshwar Mandir*
ゴールデン・ゲート *Golden Gate*

★☆☆
バクタプル国立美術館 *National Art Gallery*
クマリ・チョーク *Kumari Chowk*
ムル・チョーク *Mul Chowk*
ナーガ・ポカリ *Naga Pokhari*
ラメスワル寺院 *Rameshwar Mandir*
ヴァッサラ・デヴィ（シッカーラ） *Vatsala Devi*
ダルマシャーラ *Dharamsalas*

木とレンガを使った美しい建築が特徴

門のわきには守護神が配置される

バクタプル国立美術館 ★☆☆
National Art Gallery／भक्तपुर कला ग्यालरी

　バクタプル旧王宮のなかに位置する国立美術館。中世、繁栄を極めたバクタプル・マッラ王朝時代の仏画、神像などが展示されていて、なかでも17世紀マッラ朝時代に描かれた『ドゥルガーを抱いて踊るシヴァ神』は名高い。ハヌマン神とナラシンハ神が入口を守っている。

クマリ・チョーク ★☆☆
Kumari Chowk／कुमारी चोक

　バクタプルの守り神クマリにちなむ建物で、クマリはマッラ王族の守護神であるタレジュ女神にも同一視される（カトマンズ、パタン、バクタプルにはそれぞれクマリがいて、カトマンズのクマリがロイヤル・クマリとなっている）。17世紀、バクタプル・マッラ朝ジャガッジョーティル王は、タレジュ女神が美しい少女の姿となって王の前に現れる夢をたびたび見た。王はサイコロ遊びに興じることが多かったが、よこしまな心を抱いた日以来、王の前にタレジュ女神は現れなくなった。この出来事を契機にジャガッジョーティル王は、タレジュ女神の生まれ変わり、生き神クマリを選ぶ慣例をはじめたという。またこの王の時代、バクタプルとその領土ティミで、大祭ビスケート・ジャトラの際に、街をあげて山車巡行が行なわれるようになった。

ムル・チョーク ★☆☆
Mul Chowk／मूल चोक

　ムル・チョークは「主要な建物」を意味し、中世マッラ朝時代に重要な祭祀が行なわれていた。バクタプル旧王宮で現存するもっとも古い建物だと言われ、14世紀まで歴史をさかのぼることができる。この建物の南側中央にある神室に

タレジュ女神が安置されている。

ナーガ・ポカリ ★☆☆
Naga Pokhari／नाग पोखरी

　バクタプル・マッラ王族が毎日、沐浴したという沐浴場ナーガ・ポカリ。ナーガとは蛇の神のことで、この沐浴場の柱にははいあがるナーガの彫刻がほどこされている。

マッラ王朝最後の牙城、バクタプルの陥落

　18世紀、ネパール中央山間部から盆地の情勢をうかがっていたゴルカ朝は、周到にカトマンズ盆地の包囲網をしき、やがてカトマンズを攻略した。その翌月にはパタンも無条件降伏し、カトマンズ王とパタン王はバクタプルへと逃れた。降伏を勧告するゴルカ王に対して、バクタプルの長老、市民はだれもが「両王を庇護し、ゴルカ軍との対決を」と答えたという。こうして両軍は激しい攻防を続けたが、バクタプルは陥落し、ゴルカ王は捕虜となった三都マッラ朝の王にそれぞれ希望を尋ねた。重傷を負ったカトマンズ王は、聖地パシュパティナートで余生を送ることを望み、パタン王は希望を述べずに、投獄されて獄死した。バクタプル王はヒンドゥー教最高の聖地バラナシ（インド）での隠遁生活を求め、彼の地で世捨て人として果てた。こうして13世紀から続いたマッラ朝の伝統はついえることになった。

カトマンズ盆地を代表する建築、55窓の宮殿

ゴールデン・ゲート上部にほどこされたヴィシュヌ神

Taumadhi Square
トウマディー広場鑑賞案内

ダルバール広場の南東に位置するトウマディー広場
盆地屈指の高さをもつ五重の塔ニャタポラ寺院
バクタプルの信仰の中心バイラヴナート寺院が立つ

トウマディー広場 ★★☆
Taumadhi Square／टौमढी

　ダルバール広場南東のバクタプルのなかでも、もっとも高い場所に位置するトウマディー広場。小高い丘に展開するバクタプルでは、街の中心の広場に寺院を配置し、そこから同心円状に王宮、カーストの高い人々の住居がならび、もっとも離れたところに下位カーストの人々が暮らす構造が見られるという(ほかにはキルティプルなどが同様の構造となっている)。このトウマディー広場にそびえるニャタポラ寺院は、カトマンズ盆地を代表するネワール建築となっている。

ニャタポラ寺院 ★★☆
Nyatapola Mandir　न्यातपोल मन्दिर

　カトマンズ盆地のネワール建築の傑作にあげられるニャタポラ寺院は、五層30mの高さを誇り、丘に展開するバクタプルでも一際目立つ建物となっている。1702年、バクタプル・マッラ朝時代に建てられ、この寺院の向かいに立つバイラヴ神(シヴァ神の怒りの姿)をなだめる力をもつという。5枚の屋根は108本の方杖で支えられていて、それぞれに盆地にゆかりのある女神像(バガヴァティー、ラクシュミー、ドゥルガーなどとされる)が彫られている。また寺院の正面基壇には、下から

高さ30mのニャタポラ寺院

堂々としたたたずまいのバイラヴナート寺院

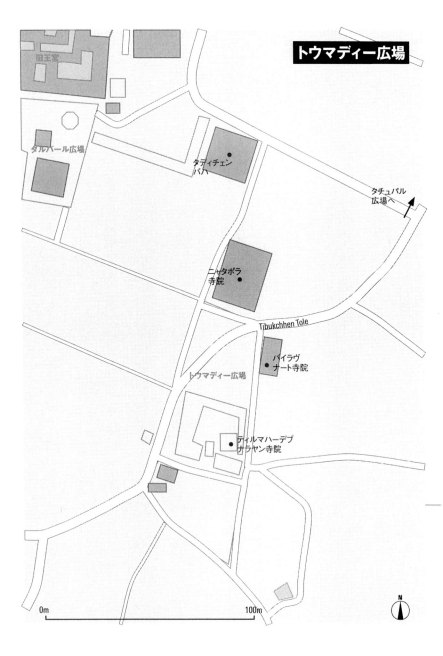

順に戦士、象、獅子、グリフィン、女神といった一対の守護像が配置され、寺院本体へと導いている。一番下の戦士は人間の10倍の力をもち、そのうえの像はさらに10倍というように、うえに行くにしたがって10倍ずつ力が増していくという。

バイラヴナート寺院 ★★☆
Bhairavnath Mandir भैरवनाथ मन्दिर

トウマディー広場のなかでももっとも多くの参拝者を集めるバイラヴナート寺院。ネパールでもっとも人気の高いバイラヴ神(シヴァ神の恐ろしい姿)がまつられている。バクタプルあげての祭ビスケット・ジャトラのときにこの寺院から山車が出され、街を巡行する。もともと17世紀のマッラ朝時代に建てられたが、1934年の地震で被害を受け、建て直されて現在にいたる。

ティル・マハーデブ・ナラヤン寺院 ★☆☆
Til Mahadev Narayan Mandir तिल महादेव नारायण मन्दिर

トウマディー広場の南側に立つヴィシュヌ寺院。二層の屋根をもつネワール建築で、正面にヴィシュヌ神の乗りも

★★★
ダルバール広場 *Durbar Square*
バクタプル旧王宮 *Royal Palace*
★★☆
トウマディー広場 *Taumadhi Square*
ニャタポラ寺院 *Nyatapola Mandir*
バイラヴナート寺院 *Bhairavnath Mandir*
ティブチェン・トール *Tibukchhen Tole*
★☆☆
ティル・マハーデブ・ナラヤン寺院 *Til Mahadev Narayan Mandir*
タディチェン・バハ(チャトル・ブラフマ・マハーヴィラ) *Tadhunchen Baha*

のガルーダの姿が見られる。創建はマッラ朝の支配がはじまったころにさかのぼると言われる。

タディチェン・バハ（チャトル・ブラフマ・マハーヴィラ）★☆☆
Tadhunchen Baha　चतुर्ब्रह्म महाविहार

　ヒンドゥー教の勢力が強いバクタプルにあってめずらしい仏教僧院タディチェン・バハ。15世紀末ごろにカトマンズのタチェ・バハからサンガ（仏教集団）が移ってきたことがこの寺院のはじまりで、旧王宮の近くにあったため、他の仏教寺院のように風化せず、繰り返し改築されてきたのだという。15世紀当時から変わらないバハ様式のプランが見られる。

Tachupal Square
タチュパル広場鑑賞案内

**トウマディー広場から路地づたいに歩くと
古バクタプルのタチュパル広場に着く
ダッタトレイヤ寺院、ブジャリ・マートはネワール芸術の傑作**

ティブチェン・トール ★★☆
Tibukchhen Tole　तिबुक्छें टोल

　トウマディー広場からタチュパル広場へと伸びる石畳の道ティブチェン・トール。蛇行しながら続く道の両脇には、マッラ朝時代から残るレンガと木で組まれたカトマンズ盆地独特の光景が広がる。

タチュパル広場 ★★☆
Tachupal Square　तचपाल

　タチュパル広場は、15世紀になってトウマディー広場やダルバール広場にバクタプルの中心が移る以前の古い広場。チベット、インド交易の幹線路沿いに自然と広場がつくられていったのが特徴で、バクタプルでももっとも古い街並みを残している。ダッタトラヤ寺院、孔雀の窓などが知られる。

ダッタトレイヤ寺院 ★★☆
Dattatraya Mandir／दत्तालय मन्दिर

　ダッタトレイヤは伝説の哲人で、ヒンドゥー教の三大神ブラフマー神、シヴァ神、ヴィシュヌ神が一体となった姿

だとも考えられている。この寺院を建立した15世紀のヤクシャ・マッラ王は、ヴィシュヌ派、シヴァ派、仏教といった各宗教、宗派に関係なく、平等にあつかい、そうした信仰心をもとにダッタトレイヤ寺院が建立された。15世紀に創建された当時のものは、カトマンズのカシュタマンダパ寺院と同じく、1本の木からつくられていたという（現在の寺院はその後、建てなおされたもの）。寺院の正面両側には寺を守る力士像がおかれ、その向かいに鳥人像を載せた塔が立っている。この寺院は、もともと人々が集まる公共空間サッタールの役割を果たしていて、現在も多くの巡礼者たちでにぎわっている。またダッタトレイヤ寺院では、1月初旬に、女性のための祭りが行なわれていて、既婚女性は夫の健康としあわせを、未婚女性はよりよい男性とめぐり会えるように夜を通して祈る。その際、外周部の回廊では、ろうそくをもった女性たちが、坐り込んで祈りを捧げる様子が見られる。

台所が最上階にあるネワール伝統建築

　カトマンズ盆地では、王宮以外にも僧院、住宅などでロの字型の構造が見られる。またこのプランとは違った伝統的なネワール建築では、細い路地の両側に3階建ての住宅が密集して建てられ、1階は店などの仕事、納屋や馬小屋、2階は寝室、3階は居間、また屋根裏部屋に台所と祈りのためのス

★★☆
ティブチェン・トール *Tibukchhen Tole*
タチュパル広場 *Tachupal Square*
ダッタトレイヤ寺院 *Dattatraya Mandir*
プジャリ・マート(木彫り美術館) *Pujari Math*
トウマディー広場 *Taumadhi Square*
ニャタポラ寺院 *Nyatapola Mandir*

★☆☆
しんちゅう青銅美術館 *Brass & Bronze Museum*
ビムセン寺院 *Bhimsen Mandir*

中世の雰囲気を残す街並みが続く

タチュパル広場の中心に立つダッタトレイヤ寺院

窓枠に繊細な彫刻がほどこされたネワール建築

ペースをもっている。ネパールではヒンドゥー教の影響のもと、浄不浄の秩序が残り、食事をつくったり、食事をとったりするところを他人に見せたがらないという。最上階に配置された台所から、調理によって出た煙はそのまま空へと流れ出ていく。

プジャリ・マート(木彫り美術館) ★★☆
Pujari Math　काष्ठकला सङ्ग्रहालय

　タチュパル広場に面したプジャリ・マート(木彫り美術館)の外壁には、ネワール彫刻の最高傑作とされる木彫りの「孔雀の窓」が見られる。羽を広げた孔雀のまわりを小さな鳥がとり囲み、繊細な幾何学模様、動物の姿が浮彫りにされている。現在、この建物は木彫り美術館として利用されていて、3階建ての住宅が中庭を囲む伝統的なネワール建築様式となっている。倉庫の役割も果たす1階には、シヴァ神がまつられ、2階の居住空間、3階の台所という構成をもつほか、礼拝所や巡礼者のための宿泊施設も用意されている。

しんちゅう青銅美術館 ★☆☆
Brass & Bronze Museum／पीतल र कांस्य संग्रहालय

　ダッタトレイヤ寺院の東側に位置するしんちゅう青銅美術館。神像からランプ台まで、ネワール職人の手による金属製品がならべられている。

ビムセン寺院 ★☆☆
Bhimsen Mandir　श्री भीमसेन मन्दिर

　タチュパル広場の西側に立つビムセン寺院。ビムセン神はバクタプルの商人から信仰を集める商売の神様で、17世紀のマッラ朝時代に建てられた。

牛をめぐるネワールとパルバテ・ヒンドゥー

　カトマンズ盆地では聖地パシュパティナートの鐘が聴こえるところでは、牛(ヒンドゥー教で神聖な生きもの)を労働力に使った農業は行なわないのだと言われる。ネパールの大多数をしめるヒンドゥー教徒にとって牛は重要な意味をもち、ミルクや乳製品は食生活でかかせないものとなってきた。一方で、カトマンズ盆地の先住民のネワール族のあいだでは、チーズを食べる習慣はなく、ミルク・ティーを飲むようになったのもごく最近のことなのだという。そのため、ネパール山間部からの人口流入がはげしいカトマンズ盆地では、乳製品を盆地外から供給するといった事情が見られる。

ネワール彫刻の傑作、孔雀の窓

Around Bhaktapur
郊外城市案内

世界遺産にも名をつらねるチャング・ナラヤン
陶芸の街として知られるティミ
バクタプル郊外には魅力ある地が点在する

チャング・ナラヤン ★★☆
Changu Narayan／चाँगुनारायण मन्दिर

　カトマンズ盆地を見渡すことができるチャングの丘は、仏教聖地スワヤンブナートと対になるように立っている。この丘に位置するチャング・ナラヤンは、ネパールのヴィシュヌ派最高の聖地で、創建は少なくとも4世紀にさかのぼると言われる(ナラヤン神はマッラ朝以前にカトマンズ盆地を支配したリッチャヴィ王族に信仰されていた)。カトマンズ盆地の寺院のなかでも、最古級の歴史を誇るチャング・ナラヤンも異教徒の侵入や火災などでいくども破壊の憂き目にあい、現在の建物は1702年に再建された。ここにまつられたナラヤン神の信仰は1500年以上続いていて、スワヤンブナート、ボダナート、パシュパティナートなどの聖地とならんで世界遺産に登録されている。

チャング・ナラヤンの伽藍

　正方形の中庭に入ると、ネワール様式からなる二層の寺院が中央にそびえ、周囲を巡礼宿ダルマシャーラがとり囲んでいるチャング・ナラヤン。境内には5世紀ごろの木彫りの彫刻が残るほか、ヴィシュヌ神、シヴァ神、観音菩薩など

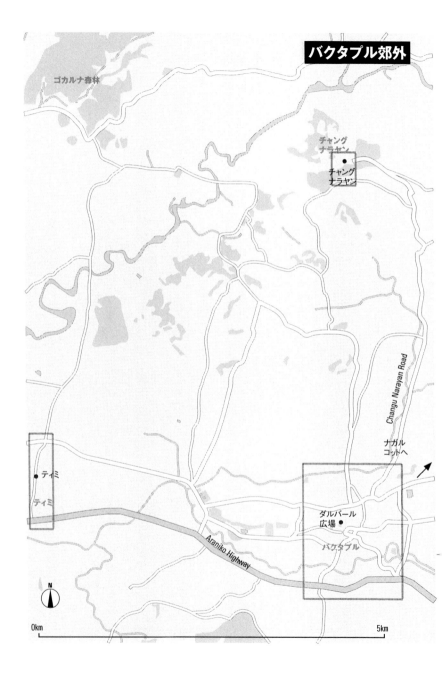

をまつる祠がいたるところに見られる。ヒンドゥー教のナラヤン神は仏教徒からは観音菩薩として信仰されてきた。

ネパールを守護するナラヤン寺

　ネパールに伝わる14世紀の『王統記』では、ハリダッタヴァルマー王が「カトマンズ盆地にそびえる４つの丘のうえにナラヤン（ヴィシュヌ）寺を献じた」という記録がある。4ナラヤンのなかでチャング・ナラヤンは東北に配置され、神々が盆地を守護する構造になっている（曼荼羅構造）。

ガルーダに乗るヴィシュヌ神像 ★☆☆
Vishunu on Garuda／गरुडा मा विष्णु

　鳥人ガルーダはヴィシュヌ神の乗りもので、ヴィシュヌ神と一緒に描かれることが多い（ヴィシュヌ神は、シヴァ神とともにヒンドゥー教の二大神）。この神像は9世紀ごろに彫られたとされ、高さは33cmながら、ネパール紙幣の意匠にも使われてきた。

★★★
ダルバール広場 Durbar Square
★★☆
チャング・ナラヤン Changu Narayan
ティミ Thimi
★☆☆
ゴカルナ森林 Gokarna Forest

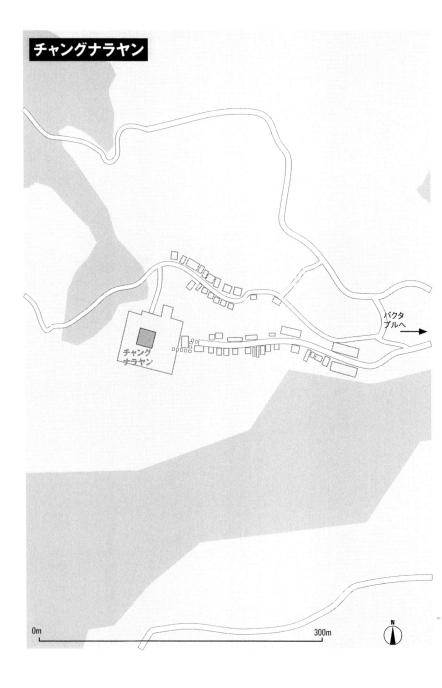

マーナデーヴァ王の石碑 ★☆☆
Stone Monument / स्टोन स्मारक

　マーナデーヴァ王は、ネパールの史実で確認できる最初のリッチャヴィ朝の王で、この石碑は464年、戦勝記念として彫られた。「ドーラー山(チャング)に住み、神々の礼拝供養を受けるハリ神(ヴィシュヌ神)は、何にも増して偉大である」「ネーパーラ王国を法徳によって拡大しつつ守護した」などと刻まれている。

リッチャヴィ王族とグプタ朝

　カトマンズ盆地に最初の統一国家を築いたリッチャヴィ王族は、ブッダの生きた時代、ヴァイシャリー(インド)に居住していたという。その後の4世紀、グプタ朝のコインにリッチャヴィ族という文字が記され、裏面にはリッチャヴィ王族の肖像が刻まれている(チャンドラグプタ1世とリッチャヴィ族が婚姻関係をもっていたことが推測できる)。リッチャヴィ王族は、北インドで小王国群を築いていたが、グプタ朝への隷属を嫌った一派がネパール盆地へ逃れて、新たな国家(ネパール)を築いたと考えられている。

★★☆
チャング・ナラヤン *Changu Narayan*

陶器づくりをする人

その日収穫されたばかりの野菜がならぶ

曼荼羅を描く職人

カトマンズ盆地ではひんばんに祭りが行なわれる

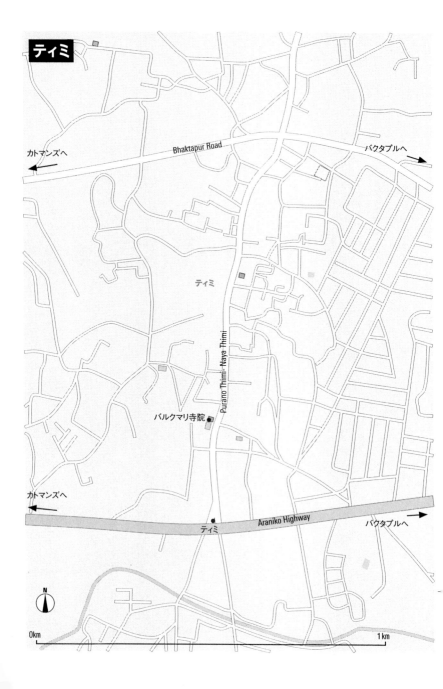

ティミ ★★☆
Thimi　थिमी

　ティミはネパール屈指の陶器の街で、素焼き職人、天秤棒を使って農産物を運ぶ人々の姿が見られる。この地から採れる土の品質は高く、農業にも適していることから、陶器とならんで新鮮な野菜でも知られる。ティミでは稲と小麦やジャガイモの二毛作が行なわれ、カトマンズの食糧供給先となっている。

ティミの陶器の焼きかた

　近くの土地からとられた土を水とともに足でねり、器のかたちにしあげるティミの陶器。それらは窯ではなく、まぶしたワラとワラの束のあいだに入れ、砂をかぶせて焼くという独特の方法がとられている。

バルクマリ寺院 ★☆☆
Balkumari Mandir／बालकुमारी मन्दिर

　シヴァ神の配偶神バルクマリ（子どものクマリ）がまつられたヒンドゥー寺院。16世紀のマッラ朝時代に建てられ、ティミのバルクマリ祭りが行なわれてきた。山車が巡行し、人々は吉祥の朱粉アビールをかけあってお祝いする。

★★☆
ティミ Thimi

★☆☆
バルクマリ寺院 Balkumari Mandir

ゴカルナ森林 ★☆☆
Gokarna Forest／गोकर्ण वन

　カトマンズから10kmの地点に広がるゴカルナ森林。ここはかつてネパール王家が狩猟に訪れたところで、鳥や動物などが生息する。この雄大な森林は500年以上前から保存されてきたもので、マッラ朝時代、ラナ家時代の遺構も残る。現在はリゾート地として開発が進んでいる。

バクタプル／木とレンガが彩る「中世都市」

Nagarkot
ナガルコット城市案内

ヒマラヤの展望台
として知られるナガルコット
美しい山並みが目前に広がる

ナガルコット ★★★☆
Nagarkot नगरकोट

　標高2100m、カトマンズを囲む盆地の稜線上に位置するナガルコット。ここは「ヒマラヤの展望台」と呼ばれ、空気が澄んだ日にはエベレストをはじめとするクーンブ・ヒマール、ロールワリン・ヒマール、ジュガール＝ランタン・ヒマール、アンナプルナ・ヒマールにいたる大パノラマを望むことができる。はるか彼方に見えるヒマラヤの峰々は「白き神々の座」にたとえられ、太陽の光を受けてその表情を変化させていく。とくに「朝日のナガルコット」と言われるように、早朝、マハデオポカリ山の展望台からは、朝日がヒマラヤの峰々を赤く染めあげる神々しい光景が広がる。

大気汚染とヒマラヤ・パノラマ

　かつて首都カトマンズからも容易に眺めることができたヒマラヤは、現在、大気汚染などが障害となり、急速にその姿を隠すようになった。そのためヒマラヤを望むためには、ナガルコットやドゥリケル、カカニなど標高が高く、かつ空気の澄んだ場所からの展望が必要とされる。ヒマラヤ・パノラマはネパールの代名詞とも言える存在で、東西2500kmに

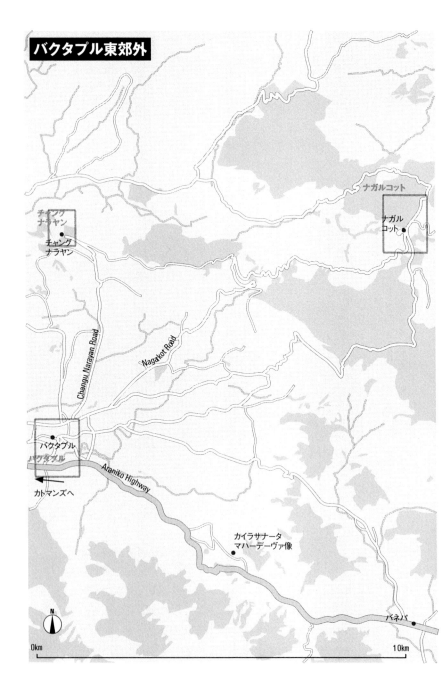

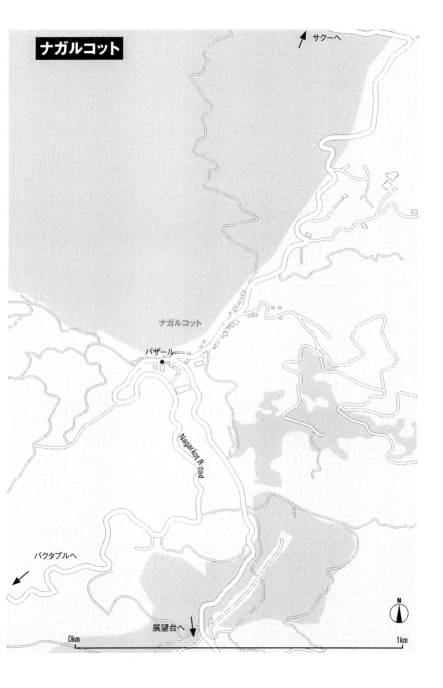

およぶヒマラヤのなかで、その南麓中央の800kmがネパールの領域となっている。

カイラサナータ・マハーデーヴァ像 ★★☆
Kailashnath Mahadev Statue ／कैलाशनाथ महादेव

　バクタプル東郊外にそびえ立つ巨大なカイラサナータ・マハーデーヴァ像。世界最大規模のシヴァ神像で、高さは43.5mになり、右手を前にして、左手で三叉の戟をもつシヴァ神の首には蛇がまとわりついている(コンクリート製の像の表面は、亜鉛と銅で覆われている)。子どものための公園や健康施設なども位置する。

★★☆
ナガルコット Nagarkot
カイラサナータ・マハーデーヴァ像 Kailashnath Mahadev Statue
チャング・ナラヤン Changu Narayan

Santo Monogatari
ネパール三都物語

カトマンズ、パタン、バクタプル
カトマンズ盆地の中世を彩った三都
たがいに競いあい美しい文化が育まれた

三都へ分裂

　中世、カトマンズ盆地に華やかな文化を咲かせたマッラ族は、北インドからの居住者で、13世紀ごろ周辺部族のなかから頭角を現してバクタプルでマッラ王朝を樹立した。この時代、ネパールには統一した国家はなく、カトマンズ盆地の外ではいくつもの地域勢力が割拠していた。マッラ王朝の勢力範囲はおもにカトマンズ盆地にあり、15世紀のヤクシャ・マッラ王を最後に王の座をめぐって、長男ラーヤ、次男ラトナ、三男ラナ、五男アリの4兄弟と王女の子ビーマが争うようになった。バクタプルの王権を受け継いだ長男ラーヤに対して、次男ラトナは1484年にカトマンズで独立(カトマンズ・マッラ朝)、そこからさらにシッディナラシンハ・マッラがパタンで独立したため(パタン・マッラ朝)、3つのマッラ朝が並立する三都時代を迎えた。

三都のライバル関係

　カトマンズ、パタン、バクタプルは、たがいに対抗心を燃やしながら、「どの街が美しいか」「どの街の言葉(方言)が優れているか」と争いあった。カトマンズとパタンが組んで

木造の楼閣様式の建物がならぶ

バクタプルで見た祭りの行列

バクタプルを包囲すると、バクタプルは密かにパタンと結んで逆にカトマンズを攻撃する。次の年はパタンとカトマンズが講和してバクタプルが孤立するといった愛憎劇が繰り返された。それぞれがもっとも恐れたのは「二都」対「一都」になるという構図で、不仲になると都市をまたぐ祭が行なえなくなることから、祭祀優先の条約が結ばれることもあった。

神々の棲む盆地

　三都マッラ朝の王はいずれも学問、芸術、文学などへの造詣が深く、交易で得た富は、建築、美術、工芸品などへ注ぎ込まれた。カトマンズ盆地の原住民ネワール族が工芸や建築の分野で天賦の才をもっていたこともあり、直径20km程度の盆地のなかにあふれるばかりの彫像や建築が生み出されることになった。そこではシヴァ神、ヴィシュヌ神、クリシュナ神、タレジュ女神、サラスワティー女神、ドゥルガー女神、大日如来、ゴーダマ・ブッダ、観音菩薩などがまつられ、今でもカトマンズ盆地では３日に１日はどこかで祭が行なわれているという。

バクタプルのダルバール広場で憩う人々

街は交易のための街道沿いに発展した

参考文献

『ネパール・カトマンズの都市ガイド』(宮脇檀・中山繁信/建築知識)
『ヒマラヤの「正倉院」カトマンズ盆地』(石井溥/山川出版社)
『ネパール建築逍遥』(藤岡通夫/彰国社)
『ネパール全史』(佐伯和彦/明石書店)
『ネパール仏教』(田中公明・吉崎一美/春秋社)
『世界大百科事典』(平凡社)
OpenStreetMap
(C)OpenStreetMap contributors

まちごとパブリッシングの旅行ガイド
Machigoto INDIA , Machigoto ASIA , Machigoto CHINA

北インド-まちごとインド

- 001 はじめての北インド
- 002 はじめてのデリー
- 003 オールド・デリー
- 004 ニュー・デリー
- 005 南デリー
- 012 アーグラ
- 013 ファテープル・シークリー
- 014 バラナシ
- 015 サールナート
- 022 カージュラホ
- 032 アムリトサル

西インド-まちごとインド

- 001 はじめてのラジャスタン
- 002 ジャイプル
- 003 ジョードプル
- 004 ジャイサルメール
- 005 ウダイプル
- 006 アジメール(プシュカル)
- 007 ビカネール
- 008 シェカワティ
- 011 はじめてのマハラシュトラ
- 012 ムンバイ
- 013 プネー
- 014 アウランガバード
- 015 エローラ
- 016 アジャンタ
- 021 はじめてのグジャラート
- 022 アーメダバード
- 023 ヴァドダラー(チャンパネール)
- 024 ブジ(カッチ地方)

東インド-まちごとインド

- 002 コルカタ
- 012 ブッダガヤ

南インド-まちごとインド

- 001 はじめてのタミルナードゥ
- 002 チェンナイ
- 003 カーンチプラム
- 004 マハーバリプラム
- 005 タンジャヴール
- 006 クンバコナムとカーヴェリー・デルタ
- 007 ティルチラパッリ
- 008 マドゥライ
- 009 ラーメシュワラム
- 010 カニャークマリ
- 021 はじめてのケーララ
- 022 ティルヴァナンタプラム
- 023 バックウォーター(コッラム〜アラップーザ)
- 024 コーチ(コーチン)
- 025 トリシュール

ネパール-まちごとアジア

001　はじめてのカトマンズ
002　カトマンズ
003　スワヤンブナート
004　パタン
005　バクタプル
006　ポカラ
007　ルンビニ
008　チトワン国立公園

バングラデシュ-まちごとアジア

001　はじめてのバングラデシュ
002　ダッカ
003　バゲルハット(クルナ)
004　シュンドルボン
005　プティア
006　モハスタン(ボグラ)
007　パハルプール

パキスタン-まちごとアジア

002　フンザ
003　ギルギット(KKH)
004　ラホール
005　ハラッパ
006　ムルタン

イラン-まちごとアジア

001　はじめてのイラン
002　テヘラン
003　イスファハン
004　シーラーズ
005　ペルセポリス
006　パサルガダエ(ナグシェ・ロスタム)
007　ヤズド
008　チョガ・ザンビル(アフヴァーズ)
009　タブリーズ
010　アルダビール

北京-まちごとチャイナ

001　はじめての北京
002　故宮(天安門広場)
003　胡同と旧皇城
004　天壇と旧崇文区
005　瑠璃廠と旧宣武区
006　王府井と市街東部
007　北京動物園と市街西部
008　頤和園と西山
009　盧溝橋と周口店
010　万里の長城と明十三陵

天津-まちごとチャイナ

001　はじめての天津
002　天津市街
003　浜海新区と市街南部
004　薊県と清東陵

上海-まちごとチャイナ

001　はじめての上海
002　浦東新区
003　外灘と南京路
004　淮海路と市街西部

005 虹口と市街北部
006 上海郊外（龍華・七宝・松江・嘉定）
007 水郷地帯（朱家角・周荘・同里・甪直）

河北省-まちごとチャイナ

001 はじめての河北省
002 石家荘
003 秦皇島
004 承徳
005 張家口
006 保定
007 邯鄲

江蘇省-まちごとチャイナ

001 はじめての江蘇省
002 はじめての蘇州
003 蘇州旧城
004 蘇州郊外と開発区
005 無錫
006 揚州
007 鎮江
008 はじめての南京
009 南京旧城
010 南京紫金山と下関
011 雨花台と南京郊外・開発区
012 徐州

浙江省-まちごとチャイナ

001 はじめての浙江省
002 はじめての杭州
003 西湖と山林杭州

004 杭州旧城と開発区
005 紹興
006 はじめての寧波
007 寧波旧城
008 寧波郊外と開発区
009 普陀山
010 天台山
011 温州

福建省-まちごとチャイナ

001 はじめての福建省
002 はじめての福州
003 福州旧城
004 福州郊外と開発区
005 武夷山
006 泉州
007 厦門
008 客家土楼

広東省-まちごとチャイナ

001 はじめての広東省
002 はじめての広州
003 広州古城
004 天河と広州郊外
005 深圳（深セン）
006 東莞
007 開平（江門）
008 韶関
009 はじめての潮汕
010 潮州
011 汕頭

遼寧省-まちごとチャイナ

001　はじめての遼寧省
002　はじめての大連
003　大連市街
004　旅順
005　金州新区
006　はじめての瀋陽
007　瀋陽故宮と旧市街
008　瀋陽駅と市街地
009　北陵と瀋陽郊外
010　撫順

重慶-まちごとチャイナ

001　はじめての重慶
002　重慶市街
003　三峡下り（重慶〜宜昌）
004　大足
005　重慶郊外と開発区

四川省-まちごとチャイナ

001　はじめての四川省
002　はじめての成都
003　成都旧城
004　成都周縁部
005　青城山と都江堰
006　楽山
007　峨眉山
008　九寨溝

香港-まちごとチャイナ

001　はじめての香港
002　中環と香港島北岸
003　上環と香港島南岸
004　尖沙咀と九龍市街
005　九龍城と九龍郊外
006　新界
007　ランタオ島と島嶼部

マカオ-まちごとチャイナ

001　はじめてのマカオ
002　セナド広場とマカオ中心部
003　媽閣廟とマカオ半島南部
004　東望洋山とマカオ半島北部
005　新口岸とタイパ・コロアン

Juo-Mujin（電子書籍のみ）

Juo-Mujin香港縦横無尽
Juo-Mujin北京縦横無尽
Juo-Mujin上海縦横無尽
Juo-Mujin台北縦横無尽
見せよう! 上海で中国語
見せよう! 蘇州で中国語
見せよう! 杭州で中国語
見せよう! デリーでヒンディー語
見せよう! タージマハルでヒンディー語
見せよう! 砂漠のラジャスタンでヒンディー語

自力旅游中国Tabisuru CHINA

001　バスに揺られて「自力で長城」
002　バスに揺られて「自力で石家荘」
003　バスに揺られて「自力で承徳」
004　　船に揺られて「自力で普陀山」
005　バスに揺られて「自力で天台山」
006　バスに揺られて「自力で秦皇島」
007　バスに揺られて「自力で張家口」
008　バスに揺られて「自力で邯鄲」
009　バスに揺られて「自力で保定」
010　バスに揺られて「自力で清東陵」
011　バスに揺られて「自力で潮州」
012　バスに揺られて「自力で汕頭」
013　バスに揺られて「自力で温州」
014　　バスに揺られて「自力で福州」
015　　メトロに揺られて「自力で深圳」

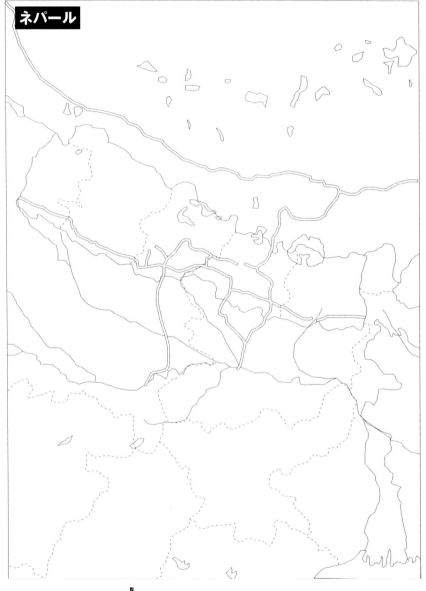

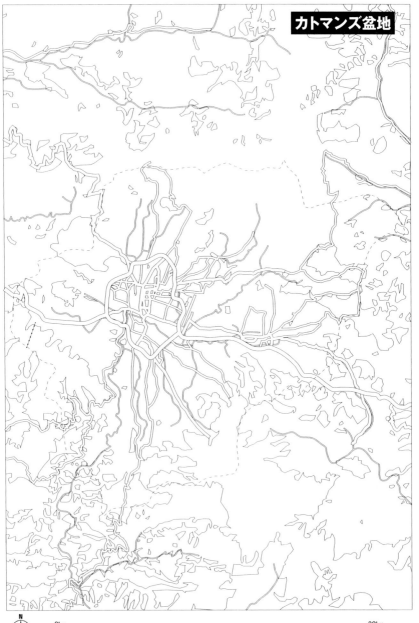

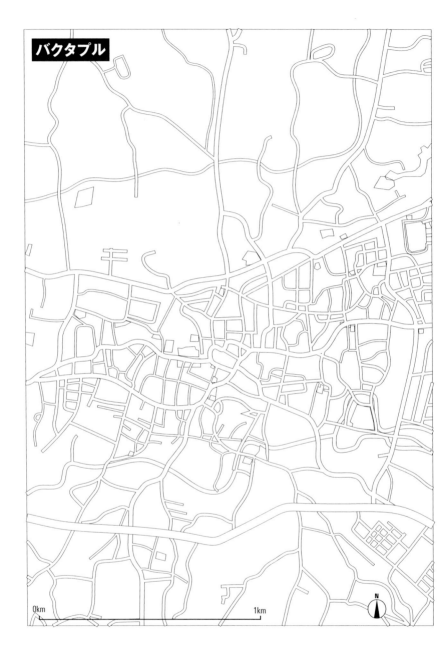

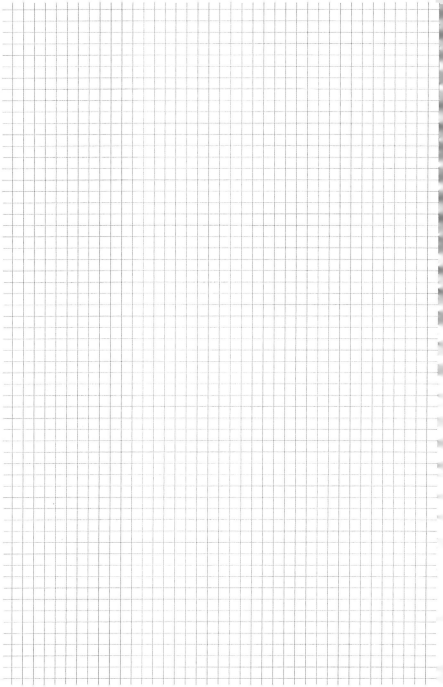

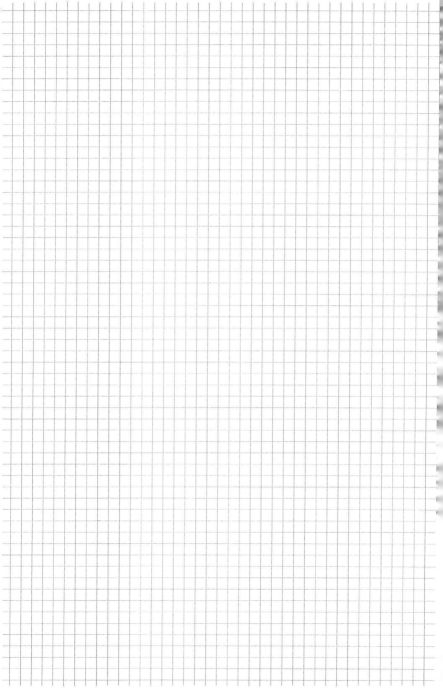

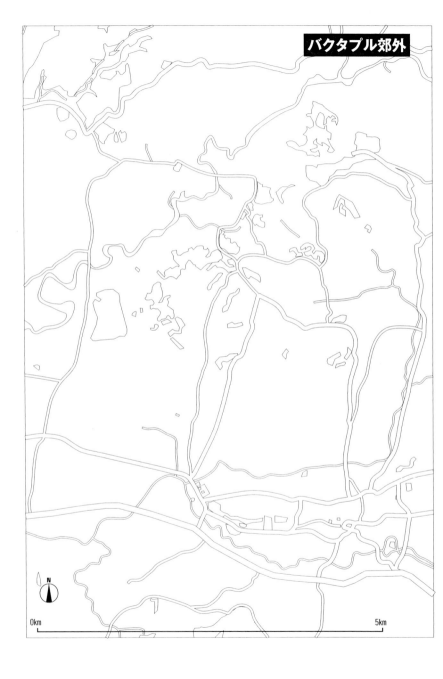

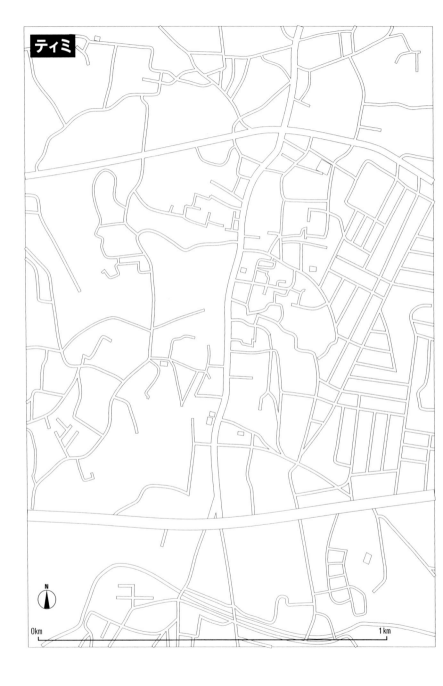

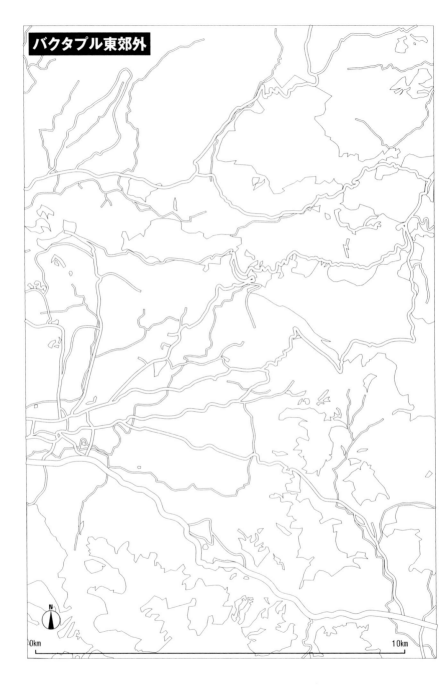

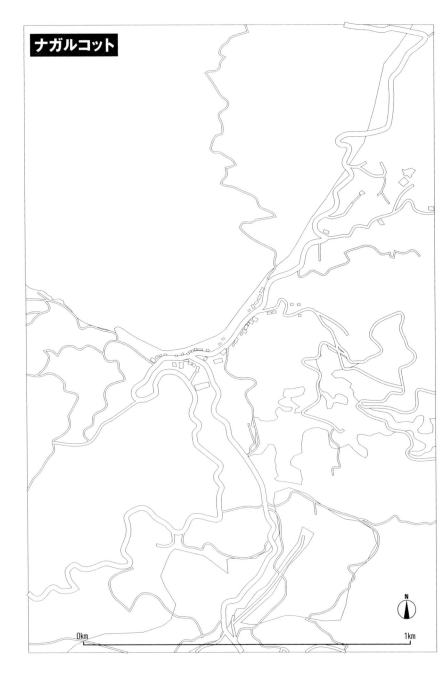

【車輪はつばさ】
南インドのアイラヴァテシュワラ寺院には
建築本体に車輪がついていて
寺院に乗った神さまが
人びとの想いを運ぶと言います

An amazing stone wheel of the Airavatesvara Temple
in the town of Darasuram, near Kumbakonam in the South India

まちごとアジア
ネパール 005

バクタプル
木とレンガが彩る「中世都市」
[モノクロノートブック版]

「アジア城市（まち）案内」制作委員会
まちごとパブリッシング
http://machigotopub.com

・本書はオンデマンド印刷で作成されています。
・本書の内容に関するご意見、お問い合わせは、発行元の
　まちごとパブリッシング info@machigotopub.com までお願いします。

まちごとアジア
新版 ネパール005バクタプル
～木とレンガが彩る「中世都市」

2019年 11月12日　発行

著　者	「アジア城市（まち）案内」制作委員会
発行者	赤松　耕次
発行所	まちごとパブリッシング株式会社
	〒181-0013　東京都三鷹市下連雀4-4-36
	URL http://www.machigotopub.com/
発売元	株式会社デジタルパブリッシングサービス
	〒162-0812　東京都新宿区西五軒町11-13
	清水ビル3F
印刷・製本	株式会社デジタルパブリッシングサービス
	URL http://www.d-pub.co.jp/

MP230

ISBN978-4-86143-378-8 C0326　　　　Printed in Japan
本書の無断複製複写（コピー）は、著作権法上での例外を除き、禁じられています。